5.64

MÉMOIRE

DU SIEUR D'ACHER,

AUTEUR de l'Eau Stomachique fondante &

anti-dartreuse :

En réponse aux Lettres du sieur CADET, Apothicaire, insérées dans le Journal de Paris, des 24 Août & 5 Novembre 1783.

Ce Mémoire intéressant pour l'humanité, présente les moyens faciles de reconnoître, par une expérience peu coûteuse, & à portée de tout le monde, la présence du *sublimé corrosif* dans un liquide quelconque. On y expose en même temps le danger évident de l'usage de ce sel meurtrier, d'après les observations des Médecins les plus célebres, & l'avis des plus habiles Praticiens de cette Capitale.

Calumniatores veritate refutandi.

MÉMOIRE

POUR le Sieur François D'ACHER, Auteur des Eaux ſtomachiques fondantes & dépuratives, Demandeur.

CONTRE le Sieur CADET, Apothicaire, Défendeur.

LE Sieur Cadet eſt-il réellement en droit, comme il le prétend, de diſpoſer de la réputation & de l'honneur de ſes Concitoyens? Peut-il diſtribuer, comme ſes drogues, le blâme ou l'éloge à ſon gré dans une Feuille volante qui paroît tous les jours ſous ſes auſpices & ceux de ſon frere, & où l'on n'admet aucune réplique de la part de ceux qu'ils attaquent, ou qu'ils calomnient? Peut-il enfin qualifier aujourd'hui de poiſon, un Remede doux & ſtomachique, qu'il avoit lui-même analyſé & reconnu pour une découverte utile? Telles ſont les queſtions qui ſe préſentent à juger dans cette cauſe ſinguliere; elle eſt digne, ſous différens rapports, de l'attention du Public; puiſqu'il s'agit, d'une part, d'un Remede très-répandu, qui eſt en même temps un préſervatif aſſuré d'un grand nombre de maladies: & que, d'un autre côté, il importe de ſavoir, ſi l'on peut impunément calomnier, dans un *Journal*, comme dans les *Affiches dont il eſt le ſupplément*, & répandre dans toute la France des impreſſions ſiniſtres contre les plus

A

honnêtes Citoyens ? N'eſt-ce pas un abus auquel il importe de remédier, puiſque tel qui rit aujourd'hui de la licence de ces Journaliſtes, peut en être demain la victime, s'il a le malheur de déplaire à MM. Cadet, ou à quelqu'un de leur Compagnie.

Le ſieur D'Acher, convaincu depuis long-tems, qu'une des principales cauſes du peu de progrès dans l'art de guérir, vient de l'habitude où ſont les Praticiens, de ne traiter que les maladies locales déclarées, ſans remonter aux cauſes dont elles ſont les effets, fût conduit naturellement, par une ſuite de cette idée, à étudier l'Influence de l'eſtomac ſur toutes les opérations de l'économie animale. Il ne lui fut pas difficile de reconnoître, que la plûpart des maladies dépendent du dérangement des fonctions de ce viſcère; & il s'appliqua en conſéquence à la recherche d'un remède propre à rétablir les fonctions de l'eſtomac, & à le débar-raſſer des mauvais levains qui alterent tellement les ſucs gaſtriques, que la digeſtion eſt toujours mauvaiſe; d'où naît, de l'aveu des plus habiles Médecins, une foule de maladies, ſur-tout de celles qu'on nomme *Chroniques*.

Les autres maladies qu'on diſtingue ſous le nom d'*Aiguës*, ne doivent être conſidérées, que comme des criſes paſſa-geres, à l'aide deſquelles la nature ſe débarraſſe, preſque toute ſeule, de ce qui l'oppreſſe; voilà pourquoi, dans ce dernier cas, la Médecine *pacifique & expectante* eſt toujours ſalutaire, lorſqu'elle ne trouble pas, par des remèdes, le cours de la maladie.

Il n'en eſt pas ainſi des maladies *chroniques*; preſque tou-tes ſont dépendantes du mauvais état des premieres voies, & du dérangement des fonctions du principal organe de la ſanté. C'eſt alors qu'il faut employer des remedes, & recou-rir à la Médecine *agiſſante*.

Les gens de l'art, entiérement occupés de la *cauſe pro-chaine*, négligent abſolument, comme on l'a dit plus haut, la *cauſe primitive du mal*, c'eſt-à-dire, le mauvais état de l'eſtomac, & des premieres voies. Le ſieur D'Acher eſt venu à bout, après pluſieurs tentatives, de compoſer un Remede propre à réparer parfaitement les délabremens de l'eftomac. Ce Reméde confifte dans une Eau ftomachique, qui eft en même tems fondante & dépurative. Cette Eau , qui eft limpide & fans goût défagréable, tient lieu de tout autre reméde en plufieurs cas : & dans d'autres, elle n'eft que la bafe du traitement , en lui affociant des fecours convenables pour feconder fon activité. On n'a point pour but, quant à préfent, de défendre l'efficacité de ce remede, ni de détailler les cas auxquels on peut l'approprier avec fuccès pour fe garantir des infirmités habituelles, dont la vie & la fanté font prefque affiégées de toutes parts.

D'ailleurs, ce Reméde eft connu d'un grand nombre de Citoyens de toutes les claffes, qui en font ufage fous la foi publique, & par les confeils de plufieurs favans Médecins. Plufieurs perfonnes même le prennent en fanté comme fimple préfervatif, ou comme ftomachique, & s'en trouvent bien. Le fieur Cadet, qui defireroit bien fans doute, être auteur ou dépofitaire d'un pareil reméde, dont la réputation eft faite & garantie par le fuccès le plus conftant, vient aujourd'hui troubler la longue poffeffion du fieur D'Acher, & affurer que *ce ftomachique contient du fublimé corrofif à grande dofe*, dans la vue d'imprimer la terreur dans l'efprit de ceux qui en font ufage. C'eft cette *longue poffeffion* que le fieur D'Acher réclame aujourd'hui, en demandant au fieur Cadet, de quel droit il veut à préfent convertir en poifon un remède qu'il a approuvé lui-même, & confeillé, ainfi que M. Parmentier fon Confrere? de quelle autorité il a fait en fecret une feconde, une troifieme analyfe, toutes contradictoires, pour décrier ce même Reméde, après avoir figné & certifié le contraire dans une premiere analyfe?

F A I T S.

Les motifs qu'on vient d'expofer dans le préambule de cette caufe, ayant procuré au fieur D'Acher la découverte d'une Eau ftomachique fondante & dépurative, dont l'ufage & l'expérience confirmoient le fuccès; il commença d'en d'ftribuer *gratis*, dans les Hôpitaux de Perpignan, & de Montpellier ; enfuite dans cette Capitale. Il a toujours continué de le faire depuis, à l'égard des pauvres ; dans la perfuafion où il eft, qu'un des premiers devoirs de l'art de guérir, eft de procurer des fecours gratuits à l'humanité fouffrante, & hors d'état de les payer.

Les bons effets de ces Eaux ayant été reconnus par l'ufage, feu M. le Duc de la Vrilliere recommanda au fieur D'Acher un malade pour lequel il s'intéreffoit, & que les Médecins avoient abandonné. Après la cure, le Miniftre dit au fieur D'Acher, que lorfqu'on avoit un bon reméde il falloit le faire payer, ou le vendre au Gouvernement. Il répondit à ce Miniftre, que ce feroit un moyen infailli-ble de le faire décrier par les Médecins, Chirurgiens & Apothicaires, toujours indifpofés & prévenus contre ces remédes généraux, ces fpécifiques propres à diminuer la fomme de nos maux, en remontant à leur caufe; au lieu qu'ils ne pouvoient empêcher ni l'Auteur de les diftribuer *gratis*, ni ceux qui y avoient confiance d'en faire ufage.

Ce fut alors que le Miniftre, convaincu de cette vérité, chargea un de fes premiers Commis, qui avoit fait ufage de ces Eaux, & qui en avoit éprouvé l'efficacité, de faire expédier un brevet de Sa Majefté à l'Auteur de la décou-verte.

Malgré ces titres, qui autorifoient le fieur D'Acher à mettre un prix à fes Eaux, à en établir des dépôts à Paris & dans les Provinces, il continua de les donner avec fes foins, tant aux riches qu'aux pauvres, avec le même défin-téreffement ; & ce ne fut qu'après quatre ou cinq ans, que les perfonnes qui s'en étoient bien trouvées, & qui defiroient en continuer l'ufage, forcerent le fieur D'Acher à y fixer un prix, pour les mettre à leur aife fur l'article de la reconnoiffance qu'ils croyoient lui devoir. M. de Rouf-fieres, Chevalier de Saint-Louis, Intendant des Armées de Mahon & de Gibraltar, alors Commiffaire-Ordonnateur au département de Paris, crût devoir le fixer. Le fieur D'Acher le recevoit de ceux qui confentoient à le payer, les donnant toujours *gratis* aux pauvres, auxquels il continuoit ses soins jusqu'à parfaite guérison.

Le sieur Cadet, Apothicaire de Madame la Marquise de Mesnars, qui faisoit usage des Eaux stomachiques, étant venu voir cette Dame, auprès de laquelle étoit le sieur D'Acher, qu'il ne connoissoit point, Madame de Mesnars demanda à son Apothicaire, s'il étoit instruit des propriétés de l'*Eau d'Acher*, dont elle faisoit usage. Le sieur Cadet en fit le plus grand éloge, en ajoutant que c'étoit en connoissance de cause, puisqu'il en avoit analysé & decomposé nombre de bouteilles, que plusieurs Dames lui avoient adressées à cet effet. Madame de Mesnars lui ayant présenté le sieur D'Acher comme auteur, il l'en félicita : *& sur l'invitation que lui fit le sieur D'Acher, de lui donner attestation conforme à ce qu'il venoit d'avancer*, le sieur Cadet écrivit dès le lendemain au sieur D'Acher, une lettre conforme, dans laquelle il fait l'éloge de ces Eaux. C'est sur ce témoignage, que la Police permit au sieur D'Acher, de le citer dans l'instruction qu'il répandit alors. Ce n'est pas là, sans doute, un certificat mendié, puisqu'il a été donné par le sieur Cadet, *proprio motu*, & en connoissance de cause, après plusieurs analyses préalables. Le sieur Cadet ne contestera point cette lettre, puisqu'il en donne lui-même la copie.

Le sieur D'Acher s'est toujours comporté avec tant de bonne-foi, sur l'effet & l'usage de ses Eaux, qu'il ne craignit point d'en confier la composition à M. Poissonnier, Inspecteur-général des Hôpitaux de la Marine ; & ce pour corroborer les témoignages avantageux du sieur Cadet, comme Apothicaire, par ceux d'un habile Médecin. En effet, M. Poissonnier approuva cette découverte, & promit au sieur D'Acher, d'en parler à la Société Royale de Médecine, qui venoit d'être établie, ce qu'il effectua ; & c'est par son conseil que le sieur D'Acher communiqua la composition de ses Eaux à la Société Royale, qui nomma pour Commissaires MM. Andry & Tourette, auxquels il délivra, sur les cures opérées par ses Eaux, des lettres & certificats qu'ils ont encore.

M. Tourette l'un des Commissaires, après la connoissance qu'il eut de la composition de ces Eaux, observa au sieur D'Acher, que la Société avoit proposé un prix de six cents livres, sur un semblable problême, & qu'il feroit bien d'y concourir ; mais le sieur D'Acher lui répondit, qu'il préféroit la satisfaction d'employer sa découverte à faire le bien de l'humanité. Il demanda à MM. les Commissaires, de lui indiquer des malades, & principalement des personnes attaquées de dartres, pour les traiter sous leurs yeux ; il leur offrit même de ses Eaux, pour les traiter eux-mêmes. Cette demande honnête n'ayant pas été accueillie, le sieur D'Acher se restreignit à les inviter de venir voir chez lui trois enfans d'un Médecin, affligés depuis dix ans de la teigne, auxquels on avoit fait sans succès tous les remedes connus ; ces Messieurs se rendirent à cette invitation. Il les conduisit quelques jours, après chez M. Leblanc, affligé de dartres, qu'ils qualifierent de *rongeantes*, & dont les deux enfans avoient des glandes au cou, qu'ils caractériserent *d'humeurs froides*, ainsi que Madame Leblanc, leur mere, qui avoit l'estomac très-dérangé. Le sieur D'Acher invita MM. les Commissaires, & M. Poissonnier-Desperrieres, qui les avoit accompagnés, à suivre le traitement & la cure de ces malades. Après la cure complette, il les pria de nouveau de les visiter, pour rendre compte de leur état à la Société de Médecine ; & leur envoya dans le même dessein d'autres malades, avant & après la cure : mais ces MM. se sont rejettés sur leurs occupations, qui ne leur permettoient pas d'en rendre un compte exact & détaillé. *

Dans cet intervalle, l'efficacité des Eaux du sieur D'Acher, non seulement pour les dartres, mais encore pour la fievre putride & maligne, & pour la dyssenterie, étant parvenue jusqu'au Ministre de la Marine, dans un temps où l'escadre de Brest étoit victime de cette maladie, contre laquelle toute la Médecine employoit vainement toutes ses ressources

---

* La véritable cause de ce refus, ainsi qu'on le verra ci-après, étoit que le Sr d'Acher n'avoit pas l'honneur d'être Membre de la Société Royale de Médecine.

ordinaires; il chargea le sieur D'Acher d'y porter de nouveaux
secours, & il écrivit à M. Poissonnier, Inspecteur des
Hôpitaux, déjà instruit de la composition de ces Eaux, de
lui confier une trentaine de malades, qu'il traiteroit
sous ses yeux, & sous ceux des Médecins de l'escadre.

Lors de l'arrivée du sieur D'Acher à Brest, les Médecins
lui offrirent, en effet, trente malades du nombre de ceux qui
ne laissoient plus aucun espoir; en ajoutant que tous ceux
qui en échapperoient, lui devroient la vie. Le sieur D'Acher
accepta ce parti, soutenu par l'espoir d'en sauver au moins
quelques-uns; & on promit de les lui confier le lendemain:
mais on insinua sans doute à M. l'Intendant de la Marine,
qui avoit d'abord paru approuver cet essai, de s'y opposer,
sous prétexte que le sieur D'Acher *n'étoit pas Médecin*,
comme si ce titre faisoit le Docteur. *Le vrai Médecin, est
celui qui a l'art de guérir.*

Trois jours après ce refus, M. Bruslé, un des Médecins
de l'escadre, offrit au sieur D'Acher de voir un Officier, attaqué d'une fievre putride & maligne, qui étoit à son dixieme
jour, & qu'il avoit abandonné. Le sieur D'Acher s'y rendit
avec le Médecin; il trouva un homme mourant, qui avoit
le râle, les yeux éteints, la langue & la bouche noires, le
ventre enflé & tendu, les jambes & les cuisses également en-
flées, toutes les fonctions supprimées, & il observa au sieur
Bruslé, qu'il n'avoit pas le don de ressusciter les morts. Ce
Médecin dit au sieur D'Acher, que ce seroit ainsi qu'on les
lui donneroit à l'Hôpital; qu'on ne pourroit, au surplus, lui
rien imputer, & que plus le mal étoit grand, plus la cure seroit
merveilleuse. Le sieur D'Acher se décida enfin à l'entrepren-
dre; il fit boire au moribond une once & demie d'élixir dans
une caraffe de limonade, & recommanda à la garde, dès que
la bouteille seroit finie, d'en aller chercher une autre, & d'y
mettre la même dose d'élixir: le sieur D'Acher ayant laissé
la bouteille au sieur Bruslé pour la lui faire administrer. La
garde ne lui épargna point en effet cette boisson, & lui en fit
prendre pendant la nuit environ trois pintes, qui lui procu-
rerent une sueur abondante, & qui rétablirent le cours

des urines supprimées. Le sieur D'Acher se rendit le lendemain chez le malade avec le Médecin, qui trouva la fievre diminuée, & le malade plus tranquille. Il lui fit donner un lavement purgatif, & en quatre jours le malade, en suivant le même régime, fut hors d'affaire, & se leva. D'après cette épreuve, dont ledit sieur Bruflé rendit compte avec etonnement à M. Poiffonnier, il fut décidé qu'on donneroit de ces Eaux aux malades des Hôpitaux, & le sieur D'Acher fut invité d'en préparer une grande quantité ; ce qu'ayant fait, il fut appellé à une affemblée des Médecins de l'Efcadre, pour s'expliquer sur la maniere d'adminiftrer ses Eaux. Il dit qu'il suffifoit de mettre une once d'élixir par pinte de tifane, & de recommander aux infirmiers, d'en faire boire aux malades le plus qu'ils pourroient : sur quoi, un des Docteurs dit avec le ton d'humeur, qu'avec un pareil traitement, le Roi n'avoit pas befoin de ses Médecins. Le sieur D'Acher répondit modeftement, que c'étoit ainfi qu'il guérifoit, & se retira.

Il fut voir le lendemain M. Poiffonnier, qui lui témoigna de la peine de ce qui s'étoit paffé ; en ajoutant qu'on ne pouvoit pas faire toujours le bien qu'on défiroit ; il le pria d'en envoyer plufieurs bouteilles à l'apothicairerie ; ce que le sieur D'Acher exécuta, fans en avoir jamais reçu le prix, & fans favoir fi les Médecins les ont employées.

Le Médecin de l'Efcadre Efpagnole, qui étoit auffi à Breft, fachant que l'expérience l'emportoit fur tous les vains raifonnemens, en fit l'épreuve avec fuccès, & tira d'affaire tous fes malades par l'ufage des Eaux ftomachiques : en effet, il employa plus de mille bouteilles, & il écrivit au sieur D'Acher fur les avantages qu'il tiroit de ses Eaux. Le sieur D'Acher a confié plufieurs de ces lettres à M. Tourette, l'un des Commiffaires nommés par la Société Royale ; ainfi il ne craint pas d'être démenti fur aucun des faits par lui avancés. Avant fon départ de Breft, il eût encore la fatisfaction de voir plufieurs cures opérées par l'ufage de fes Eaux, dont plufieurs Officiers de Marine s'étoient pourvus, fans que le

fieur

fieur D'Acher voulut recevoir le prix, tant pour eux que pour leurs confreres malades, qui ont été guéris ; en forte que fa miffion ordonnée par le Gouvernement, ne fut pas à beaucoup près, infructueufe aux malades guéris gratuitement.

Après des cures de cette efpece, & une infinité d'autres dans les cas les plus défefperés faites fous les yeux des Médecins eux-mêmes, le fieur D'Acher devoit compter fur l'approbation la plus expreffe de la Société royale, à qui il avoit dévoilé le fecret de fa compofition, ainfi qu'à M. Poiffonnier ; démarche honnête, qui le juftifie de charlatanifme, & qui fert en même-temps à prouver que fon Remede ne contient, & ne peut contenir aucune drogue nuifible : mais MM. les Commiffaires affurerent le fieur D'Acher, qu'ils n'avoient pas eu le temps de s'en occuper, ni d'en faire leur rapport. Qu'on juge après cela de fa furprife, lorfqu'il lût dans le Mercure l'annonce de la Société, portant : *Qu'ayant entendu dans fa Séance du dix-fept Mai 1782, le rapport dē fes Commiffaires fur l'Eau ftomachique & dépurative du fieur D'Acher, elle a penfé qu'elle ne méritoit pas fon approbation.*

La curiofité engagea le fieur D'Acher à aller demander l'explication de cette annonce à M. Vicq-d'Azyr, Secrétaire de la Société royale ; il eut l'honnêteté de répondre, que les Commiffaires n'avoient pu que rendre un témoignage avantageux de fes Eaux, d'après les cures qu'il leur a fait voir ; que ces Eaux étoient très-bonnes, que la Société les reconnoiffoit pour telles : mais que ce qui l'avoit empêchée d'accorder *une approbation expreffe,* c'eft qu'un Médecin leur confrère, avoit communiqué le même fecret à la Société, & l'avoit affurée avoir fait les mêmes cures ; qu'elle ne pouvoit par conféquent approuver, ni faire acheter par le Gouvernement un remede déjà approuvé, & qui n'étoit plus nouveau pour elle.

Le fieur D'Acher auroit pu répondre, que cette communication de fa recette par un Médecin, étoit un peu tardive, & poftérieure à la compofition de fes Eaux, qu'il

avoit donné lui-même à la Société , &c. ; mais son respect
pour ce savant Corps lui ferma la bouche. M. Vicq-d'Azyr
lui ajouta, qu'il reconnoissoit tellement la bonté de ses Eaux,
qu'il les avoit conseillées à Madame Gauthier, femme du
premier Secrétaire de l'Intendance de Châlons , qui avoit
été le consulter. Le sieur D'Acher fut s'informer de ce fait
auprès de cette Dame, qui le lui assura.

Voilà donc les Eaux stomachiques anti-dartreuses du
sieur D'Acher , munies de l'approbation & de la sanction
de la Société royale, en faveur d'un Médecin, qui , dit-on,
a communiqué la même recette. Mais qu'importe à qui
appartienne la découverte? la composition de ces Eaux étant
la même que celle du sieur D'Acher ; il ne s'agit ici que de
leur salubrité & de leur efficacité. Le sieur Cadet ne pourra
pas dire en ce cas , que les Eaux approuvées par la Société
royale , & conseillées par ses Membres, contiennent du
sublimé corrosif. Les Eaux du sieur D'Acher , qui en est
l'inventeur , & qui a communiqué sa recette à la Société,
ont toujours été & sont les mêmes que celles dont M.
Vicq-d'Azyr a conseillé l'usage à Madame Gauthier. Elles
sont connues , & sans suspicion , puisqu'un grand nombre
de Médecins les ordonnent à leurs Malades, même pour
les maladies de poitrine. M. Seiffen , un des célebres Médecins de cette Capitale, qui l'est de Monseigneur le Duc
de Chartres , les a ordonnées , pour cette même maladie,
à une Dame qui avoit l'estomac si dérangé , que tous les
remedes connus n'avoient pu lui faire rien digérer ; l'effet
qu'elles ont produit sur la malade a surpassé son attente. Le sieur
D'Acher ne lui en a pas laissé ignorer la composition , qu'il
a trouvée très-bonne ; il peut dire si elles contiennent du
sublimé , ou non. On voit d'ailleurs , dans la brochure
que le sieur D'Acher vient de donner au Public , que
plusieurs personnes en ont fait usage avec succès.

C'est cet Ouvrage *in-8.°*, imprimé cette année, que le sieur
Cadet auroit dû lire, il y auroit vu que le sieur D'Acher
donne avec succès l'Elixir pur, pour les accidens d'apoplexie :
(ce qui est une preuve sans replique, qu'il n'y entre point de

fublimé) & s'il l'avoit bien compris, il auroit vu que la diftinc-
tion dont il fe targue dans fes défenfes , entre un Apothicaire tel que lui, qui a trouvé le fecret d'entrer dans
l'Académie des Sciences, & le fieur D'A'cher, qui a trouvé le
fecret des Eaux ftomachiques, n'eft pas fi énorme que fa
vanité le lui perfuade , & que s'il y a de la différence, elle
peut-être appréciée. Que le fieur Cadet fe vante de fes découvertes dans la Chimie; ceux qui ne le connoiffent pas,
pourront le croire : quant au fieur D'Acher , il n'avance
que des faits authentiques, & jugés tous à fon avantage.

Indépendamment de fes Eaux, le fieur D'Acher, inftruit des
difficultés qu'il y a fur mer de fe procurer de la viande
fraîche pour faire des bouillons aux malades, s'eft occupé
de la compofition d'une poudre alimentaire, qui puiffe y
fuppléer, & qui pût en même-temps fervir de nourriture
pour les convalefcents : y étant parvenu , il en fit
part à M. de Sartine, alors Miniftre de la Marine, qui,
ne cherchant que le bien & l'économie , voulut goûter
lui-même les bouillons faits avec cette poudre. Ce Miniftre les ayant trouvés bons , renvoya le fieur D'Acher
à M. Poiffonnier, qui, d'après un femblable effai , les
adopta, & les ordonna pour les équipages des vaiffeaux.
M. Parmentier en fait l'éloge dans fon livre intitulé, *Re-
cherches fur les Végétaux nourriffants, &c.* il les trouve bien
plus fains & plus falutaires pour les malades, que ceux
faits avec les tablettes de bouillon, qui coûtent fort
cher, au lieu que ceux du fieur D'Acher ne reviennent au Roi
qu'à un fol. Les pauvres y trouvent également l'avantage de
l'économie. Toutes ces découvertes donnoient certainement
un titre au fieur D'Acher, pour ofer prétendre aux bienfaits
que notre augufte Monarque accorde à ceux qui en font d'utiles : mais le bien de l'humanité que le fieur D'Acher a toujours
eu en vue, lui a fait totalement oublier fes intérêts; ce font
des faits connus, ceux du fieur Cadet font encore ignorés. Le
fieur D'Acher pourroit en citer d'autres non moins utiles à l'E-
tat & au Gouvernement; il pourroit y joindre le témoignage
infini de perfonnes de la première confidération, qui ont

fait usage de ses Eaux avec succès; mais il ne veut pas écraser le sieur Cadet de tant d'autorités.

C'est dans ces circonstances que le sieur Cadet, mesusant d'un privilege accordé à son frere, s'est avisé d'insérer dans le n.° 219 du Journal de Paris, du 7 Août 1783, une lettre où il se plaint « de ce qu'on abuse des noms aussi respectables,
» que ceux de MM. Parmentier & Cadet, pour en faire
» les fauteurs de l'empyrisme; que l'autorité de ces deux
» Apothicaires pourroit devenir préjudiciable au public,
» ce qui est intolérable; que le sieur Cadet ayant fait une
» premiere analyse des Eaux du sieur D'Acher, il n'y avoit
» trouvé que du vitriol de zinc, substance métallique,
» souvent employée en médecine; mais qu'ayant fait une
» seconde analyse d'une autre bouteille du même auteur
» qu'on lui avoit envoyée, il a trouvé que ce n'étoit plus
» le vitriol de zinc, mais le *sublimé corrosif*, *qu'on y*
» *avoit substitué à grande dose*, &c. »

Cette assertion indécente, sans motif & sans nécessité, porte tous les caracteres d'une calomnie; puisqu'ayant fait lui-même le plus grand éloge de ces Eaux en présence de Madame la Marquise de Mesnars, qui en faisoit usage; ayant donné *proprio motu*, une attestation par écrit sur leur salubrité & leur efficacité, il ne pouvoit publier une assertion contraire, sans faire tort à son jugement, & à sa propre réputation; ou du moins sans avoir des preuves juridiques plus claires que le jour, qu'au lieu d'une drogue salutaire par lui reconnue telle, le sieur D'Acher avoit substitué sans profit & sans nécessité, un poison dangereux. Quel motif en effet le sieur D'Acher auroit-il eu de gâter des Eaux, dont le succès, & la réputation étoient faits à Paris, & dans les Provinces? pourquoi auroit-il cherché à se décrier, en convertissant un remede salutaire, en un vrai poison? Voilà un problême digne de la sagacité du sieur Cadet. Le sieur Parmentier, son confrere, s'est plaint de ce qu'on avoit abusé de son nom dans le Journal de Paris, puisqu'il a écrit au sieur D'Acher, qu'il n'avoit aucune part à cette sortie indécente; qu'il étoit persuadé de l'efficacité de ses Eaux stomachiques,

& qu'il les avoit conseillées à M. le Baron D'Espagnac, &c.
Ce désaveu du sieur Parmentier sembloit devoir amener le
sieur Cadet, son confrere, à une démarche aussi prudente.
Le sieur D'Acher se contentoit qu'on insérât sa réponse dans
le Journal de Paris, mais il n'a jamais pu obtenir cette
faveur, quoiqu'elle soit de justice. En effet, la même feuille
qui sert à attaquer la réputation des citoyens, devroit être
consacrée à leur justification, lorsqu'elle est légitime.

L'impossibilité où se trouvoit le sieur D'Acher, d'obtenir
justice à cet égard, l'a forcé de porter plainte devant le
Commissaire Bouin, le 9 Août 1783, & de faire assigner
sur cette plainte, le sieur Cadet, à l'Audience de la Chambre
criminelle, pour voir dire, qu'il sera fait défenses au sieur
Cadet, de plus à l'avenir écrire des lettres pareilles à celle
insérée dans le Journal du jeudi 7 Août, contre l'honneur
& la réputation du sieur D'Acher, & tendante à le décrier
& diffamer; & pour l'avoir fait publiquement par la voye
dudit Journal, que ledit sieur Cadet sera condamné à ré-
tracter sa lettre par la même voye, & reconnoître le sieur
D'Acher pour homme d'honneur & de probité, incapable
de distribuer & faire distribuer des Eaux où il y auroit du sublimé corrosif, & en passer acte au Greffe en présence de telles
personnes que le sieur D'Acher voudra choisir, sinon que la
Sentence à intervenir vaudra ledit Acte; que le sieur Cadet
sera condamné aux dépens, dommages & intérêts du sieur
D'Acher, la Sentence imprimée & affichée par tout où
besoin sera, &c.

En réponse à cette assignation, le sieur Cadet, aussi
habile praticien que profond chymiste, opposa *une fin de
non-recevoir*; objectant que le sieur D'Acher n'avoit ni
titre, ni qualité pour former une telle demande, & l'ap-
puyer; se réservant d'en déduire les raisons à l'Audience.
Le sieur D'Acher répliqua, que dans une pareille cause,
il ne s'agissoit pas de raisonnemens, mais de faits: *or tout fait
doit être mis par écrit*, afin d'être accordé ou contesté; il
l'interpella en conséquence de faire signifier les faits dont
il entendoit argumenter en jugement. Il observa de plus,

qu'il falloit que le fieur Cadet s'arrogeât d'étranges privileges, pour croire qu'il pût impunément diffamer un
citoyen par la voye des papiers publics, en affurant, contre
vérité, *que le fublimé corrofif entre à grande dofe dans les
Eaux du fieur D'Acher*, & que celui-ci n'a ni droit, ni
qualité pour avoir réparation d'une pareille calomnie, tendante à le faire paffer dans l'efprit de fes malades, & de
tous ceux qui font, ou voudroient faire ufage de fes Eaux,
pour un empoifonneur public; *que le fieur Cadet*, prétendu
réparateur des torts & vengeur de la Faculté contre l'em-
pyrifme, ayant pris fur lui feul la calomnie inférée dans le
Journal, c'eft par conféquent fur lui feul qu'elle doit être
vengée, par une rétractation que fes faux-fuyans ne lui
feront pas échapper, &c.

Réponfe aux moyens du fieur Cadet.

Le fieur Cadet, preffé dans fes derniers retranchemens,
a enfin fait fignifier fes moyens de défenfes prétendus, &
délayés à deffein dans un déluge de paroles, & de faux
raifonnemens, qui rempliffent trois grands rôles de très-fine
minute: comme fi la vérité, fi belle par fa fimplicité, avoit
befoin de tout cet attirail étranger, qui ne fert qu'à offuf-
quer fon éclat. On va fuivre le fieur Cadet pied à pied; &
c'eft en réfutant les moyens de defenfes de fon adverfaire,
que le fieur D'Acher prétend établir les fiens.

1.° Après avoir tranfcrit les conclufions du fieur D'Acher,
le fieur Cadet s'écrie: « Ne croiroit-on pas, d'après de pareilles
» conclufions, que le fieur Cadet a fait imprimer des hor-
» reurs contre le fieur D'Acher, & que ce dernier eft un
» Médecin utile, protegé par le Gouvernement, revêtu d'un
» *privilege exclufif* de vendre un remede approuvé, &c. ?

Mais qu'importe le titre de Médecin? ne peut-on être
utile à fes femblables, qu'avec un bonnet de docteur? Ne
fuffit-il pas d'être chef de famille, & Citoyen d'un Etat
où l'on fait le bien, pour être protegé par les loix contre
les calomniateurs? Le fieur Cadet avance que le fieur D'A-

cher n'eſt pas breveté. Veut-il qu'il lui faſſe ſignifier ſon brevet du Roi, & conſent-il à perdre ſa cauſe ſi on lui en juſtifie? Le ſieur D'Acher n'a jamais prétendu que ſon brevet lui donnât un privilege excluſif, pour faire le bien de l'humanité; il voudroit au contraire, que tout le monde ſuivit ſon exemple : & c'eſt le ſieur Cadet qui voudroit l'empécher, pour être le ſeul à vendre ſes drogues ; parce qu'il a le titre d'Apothicaire , & qu'il eſt membre d'un Corps. C'eſt l'eſprit de Corps qui eſt excluſif ; & l'excluſif eſt, & ſera toujours la perte & la ruine des états, des talens & des vertus ; tandis que la liberté ſera toujours utile & avantageuſe. Le ſieur D'Acher conſent que le ſieur Cadet, & ſon frere diſtribuént, vendent & préchent dans tous les Journaux à Paris & ailleurs des Eaux ſtomachiques, meilleures que celles du ſieur D'Acher ; mais que le ſieur Cadet ne calomnie pas celles-ci, en les accuſant fauſſement contenir du ſublimé corroſif *à grande doſe.* Qu'ils imitent ſon exemple par le bien qu'il fait gratuitement à ſes concitoyens ; il peut prouver par les lettres des Curés de Province, le bien qu'il continue de faire aux pauvres, en leur envoyant *gratis* ſon élixir, & en entretenant avec eux une correſpondance ſuivie juſqu'à guériſon. Qu'on aille chez lui, on y trouvera preſqu'en tous temps des pauvres couverts de dartres & de playes qu'on lui adreſſe de tous côtés, ou qu'on lui renvoie de la Charité, & on le verra en tous temps donnant gratuitement à tous , & ſes ſoins & ſes remedes. Que le ſieur Cadet ſe cite pour faire autant de bien à l'humanité , & au même prix, *voilà le mot:* ce ne ſera ſûrement pas chez lui , que les pauvres trouveront des ſecours gratuits ; qu'il laiſſe donc aux autres le plaiſir de faire le bien qu'il ne veut ni ne peut faire.

2.° Le ſieur Cadet dit « que le ſieur D'Acher n'a aucune » qualité pour vendre ſon remede, par conſéquent aucun » droit de ſe plaindre de ceux qui peuvent l'attaquer ; que » c'étoit pourquoi il s'étoit contenté d'oppoſer une ſim- » ple *fin de non recevoir*, denuée de moyens, ſauf à les dé- » duire à l'Audience , &c.

Mais on a déjà détruit cette objection futile ; & les moyens
que le sieur Cadet s'est vu forcé de signifier *par écrit*, prouvent qu'il a été contraint de renoncer à cette fin de non
recevoir. Le sieur D'Acher distribue ses Eaux depuis plus
de douze années dans Paris, en vertu d'un *brevet du Roi* ;
& en a donné la composition à plusieurs Médecins qui en
font usage, & à la Société royale de Médecine, qui les a
approuvées, en assurant que c'est un Médecin qui lui en
a donné la recette : le sieur D'Acher, qui en est l'inventeur, a
donc bien qualité pour distribuer ses Eaux, par le droit
qu'a tout ami de l'humanité, auteur d'une découverte heu-
reuse, de donner du secours à ses semblables, sans que per-
sonne puisse l'empêcher, encore moins calomnier l'Auteur
& son remede.

3.° Le sieur Cadet rapporte, sous le n.° 3, la teneur du
certificat qu'il avoit donné à l'invitation de plusieurs personnes, *en faveur des Eaux stomachiques du sieur D'Acher*,
dans un temps où il ne tenoit alors qu'à la vérité, sans prévention ni motif. Il dit dans ce certificat, " qu'il résulte
» des expériences qu'il a faites avec le plus grand scrupule,
» que chaque pinte d'Eau, contient un *peu de nitre à base*
» *alkaline* ; enveloppé d'une petite quantité de mucilage ;
» qu'après en avoir examiné un grand nombre de bouteilles,
» il peut attester que toutes les diverses préparations de
» l'Auteur sont exemptes *de sels mercuriels, & de tous principes*
» *nuisibles à la santé*. Qu'il y a lieu de croire que les Mé-
» decins ont reconnu leur efficacité, puisque l'Auteur est
» pourvu d'un brevet de *Sa Majesté*, pour le débit des
» Eaux stomachiques & dépuratives de sa composition, &c. »
Voilà donc un double aveu du sieur Cadet ; le premier,
qu'il reconnoit lui-même le sieur D'Acher *comme ayant droit*
& qualité au débit des Eaux de sa composition, en vertu d'un brevet de Sa Majesté. Le second, que ces Eaux ne contiennent
aucuns sels mercuriels, ni aucuns sels nuisibles à la santé.
Voilà toute la cause. *Droit du sieur D'Acher ; Bonté de ses*
Eaux. Cela est établi par la signature du sieur Cadet ; c'est
donc aux Juges à prononcer sur la peine de la calomnie
postérieure

poſtérieure à ces aveux avantageux , que le ſieur D'Acher n'avoit ni ſollicités ni mendiés , comme en convient le ſieur **Cadet**. On remarquera ſeulément ici une petite contradiction , dans cette premiere analyſe du ſieur Cadet ; c'eſt qu'il avoit trouvé dans les Eaux du ſieur D'Acher , du *nitre à baſe alkaline*, enveloppé d'un peu de *mucilage* ; & que dans la lettre qu'il a fait inſérer dans le Journal de Paris du 7 Août dernier , il prétend n'avoir trouvé dans ſa premiere analyſe que du vitriol de zinc, ſubſtance métallique employée en médecine. Cette contradiction palpable annonce l'incertitude des analyſes du ſieur Cadet, les variations de ſon eſprit, & les défauts de ſa mémoire. Il trouve aujourd'hui dans ces Eaux, du *ſublimé corroſif à grande doſe* ; hier il y trouvoit du *zinc* ; avant hier du *nitre* & du mucilage ; il y trouvera bientôt de l'*arſenic*, s'il y en met ; & ces Eaux ſeront entre ſes mains une *Panacée* ou un *Poiſon* , ſelon qu'il voudra du bien ou du mal au ſieur D'Acher.

« 4.º On ne peut attaquer , dit le ſieur Cadet, ni
» ſoupçonner *ma bonne volonté* pour le ſieur D'Acher,
» puiſque j'ai rendu à ſon Eau la plus grande juſtice ,
» lorſque j'ai reconnu qu'elle ne contenoit aucun ſel métal-
» lique, rien de nuiſible , &c. Mais il s'eſt prévalu de mon
» certificat & de celui du ſieur Parmentier , pour impri-
» mer, que d'après l'analyſe des ſieurs Cadet & Parmentier,
» il ne pouvoit réſulter aucun inconvénient de l'uſage de
» ſes Eaux. Je me trouve donc par cette publicité, *garant*
» *de l'innocence de ſon remede* ; par la même raiſon , je
» puis en dénoncer le dangèr lorſqu'il y en a , &c. &c.

Il ſemble que le ſieur Cadet faſſe un crime au ſieur D'Acher de ce qu'il s'eſt prévalu de ſon analyſe & de ſon *atteſtation*. Mais on demande à quelle fin il avoit donné ſon *certificat* , ſi ce n'eſt pour la publicité ? à moins que ce ne ſoit pour avoir la gloire d'être cité comme le grand faiſeur d'analyſes , le principal chymiſte auquel il faut s'adreſſer pour décompoſer les matieres, &c. Il ne pouvoit, en effet, obtenir ce triomphe que par la publicité : « *auſſi* ,

C

» dit-il, *n'ai - je pas voulu réclamer contre mon certificat,*
» tant que j'ai pensé que cette Eau ne contenoit pas de
» sels mercuriels. Je n'ai pas même réclamé quand jai
» reconnu, par différentes analyses postérieures à mon pre-
» mier examen, que ces Eaux receloient, *au lieu de nitre*, du
» vitriol de *zinc*, parce que cette substance métallique est
» sans danger pour les malades, & que dans ce cas ses
» Eaux peuvent être de quelque utilité par cette prépa-
» ration, &c.

Il semble que le sieur Cadet suive pied à pied la distri-
bution des Eaux du sieur D'Acher, & qu'il y prenne un
bien vif intérêt, puisqu'il les analyse toutes les fois qu'il
croit en avoir sous la main & qu'il en trouve l'occasion.
Il faut que ces Eaux ayent bien de la vertu, pour pi-
quer la curiosité d'un docte Académicien & lui en faire
répéter si souvent l'analyse sans qu'on l'en prie. Il a pu
voir par l'*Essai du sieur D'Acher sur les maladies de l'estomac, & celles qui en font la suite*, que ce dernier ne fait
pas grand cas de son certificat, puisqu'il n'a pas dai-
gné le rappeller, comme dans ses premieres instructions ;
& ce silence est peut-être la cause des dernieres analyses
du sieur Cadet. Son sublime amour-propre aura cru voir
du sublimé corrosif, dans des Eaux qui se distribuent sans
son attache.

Si ce n'est pas le motif d'amour-propre blessé, & de
jalousie, qui a donné lieu aux dernieres analyses du sieur
Cadet, on pourroit penser peut-être que la vue d'intérêt y entreroit pour quelque chose.

En effet, le sieur D'Acher a dévoilé son secret à la Société royale. Le sieur Cadet, qui en est Membre, connoît
sûrement cette composition, & il est bien persuadé qu'il
n'y entre pas de sublimé corrosif, ni aucuns sels de cette
nature. Il en connoît les vertus & les propriétés. Ne
pourroit-on pas croire, qu'il auroit intention de ne décrier que le nom *D'Acher* qu'elles portent, pour y subs-
tituer le sien, ou tout autre titre nouveau, & qu'alors
elles seroient entre ses mains le remede universel ? Ce se-

roit alors que le Journal de Paris, fait par son frere *olim*
Apothicaire, publieroit tous les jours des merveilles de ces
Eaux, avec l'exposé des cures surprenantes qu'elles opé-
reroient; bientôt on solliciteroit du Gouvernement une pen-
sion, & des récompenses honoraires & pécuniaires, pour
une découverte qu'il s'approprieroit & qui seroit dûe aux
soins & aux travaux du sieur D'Acher.

« 5°. En supposant, continue le sieur Cadet, que le sieur
» D'Acher ne se fut pas prévalu de mon suffrage & de
» mon certificat, qui me rendent garant de la salubrité de
» ces Eaux; quand je ne serois guidé que par l'humanité
» & le desir d'être utile à mes concitoyens, *auxquels*
» *j'ai voué mes services, plus par inclination, que par état,*
» les Magistrats pourroient-ils me faire un reproche fondé,
» de ce que je dénonce publiquement la *découverte* que
» j'ai faite d'un sel mercuriel, & d'une substance métal-
» lique, corrosive dans un *Elixir*, dont l'usage peut être
» commun ? Le bon citoyen, qui n'a en vue que la vé-
» rité, l'intérêt de ses semblables, doit-il être la victime
» de son zèle ? &c.

Non sans doute, si vous disiez la vérité, Monsieur Cadet,
& si vous la disiez par des motifs aussi purs : mais les
Magistrats vous reprocheront, que votre zèle prétendu
n'est qu'une diffamation publique, une hardiesse repré-
hensible. Une vérité, pour être crue en Justice, doit être
soutenue de preuves juridiques, & vous devez savoir
que ce qu'on nomme *preuves juridiques*, est bien différent
de celles qui restent au fond d'un matras dans lequel l'i-
magination exaltée du chymiste, sa prévention ou quelque motif secret, peuvent lui faire appercevoir du *sublimé
corrosif à grande dose*, tandis qu'il n'y en a pas un
atome.

En supposant même qu'il fallût vous en croire &
qu'il se soit réellement trouvé dans l'une des nom-
breuses analyses que vous avez faites de ces Eaux, du
sublimé corrosif à grande dose, vous n'auriez toujours pas
la preuve que ce sont celles du sieur D'Acher; ainsi votre pré-

prétendue vérité seroit toujours une calomnie. Vous appren-
drez par le jugement, qu'une affertion qui attaque l'honneur
d'un citoyen, ne peut devenir une vérité, à moins qu'elle ne
foit étayée des témoignages de plufieurs experts convoqués
juridiquement & affermentés; que jufques-là toute affertion injurieufe n'eft qu'une calomnie pour laquelle vous
devez réparation; enfin, que quand vos affertions chymiques
n'intéreffent perfonne, ce ne font pour l'ordinaire que
des erreurs auxquelles le Public ne prend pas de part, ou des
répétitions qui n'amufent perfonne. Pourquoi le fieur Cadet,
voudroit-il forcer ce public & le fieur D'Acher à croire la
vérité & l'exactitude de fes analyfes chymiques, lui qui
ne veut pas croire la vérité des cures faites par le fieur
D'Acher, quoique les malades atteftent eux-mêmes leur
guérifon ?

    6.° « *M. Triofon*, *Médecin* des Armées, connu & eftimé
» dans cette Capitale, ne voulant pas confier la fanté d'une
» femme qui l'intéreffoit, à un remède dont il ne connoiffoit
» pas le principe, me fit parvenir, (dit le fieur Cadet) un
» demi fetier d'Eau (*) vendue à cette dame fous le nom *d'E-*
» *lixir D'Acher*, à raifon de 12 liv. la pinte, en me priant d'a-
» nalyfer cet Elixir. On conçoit ma furprife, continue le
» fieur Cadet, lorfqu'à la premiere expérience je découvris
» un fel mercuriel; toutes les épreuves que je variois me
» convainquirent que cet Elixir contenoit un fel mercuriel,
» violent, autrement nommé *fublimé corrofif*. Alors guidé
» par les *nobles motifs* expofés ci-devant, j'ai cru
» devoir le dénoncer aux Auteurs du Journal de Paris, en
» leur adreffant la lettre dont fe plaint le fieur D'A-
» cher, &c.

---

(1) *Nota*. Il y a contradiction dans la lettre du Journal; il dit qu'il
en a décompofé une bouteille, & ici ce n'eft qu'un demi-fetier qui
lui a été envoyé, & acheté fous le nom D'Acher. On ne dit pas qu'on
foit allé la prendre chez le fieur D'Acher, qui n'en donne pas par
demi-fetiers. Ainfi la dame a été trompée, par la perfonne qui la
lui a vendue.

Le sieur Cadet cite le nom de M. Triosson ; mais il oublie, à dessein sans doute, le nom de la dame qui avoit acheté l'Elixir. C'est ce nom là, qu'il étoit essentiel de savoir, pour qu'on puisse vérifier, si on n'en a pas imposé au Médecin & à l'Apothicaire. Voilà l'Elixir D'Acher, passé par trois mains, dont la premiere est inconnue, & la derniere fort suspecte au sieur D'Acher. Quelle idée peut-il donc avoir d'une analyse faite sur une Eau, qui n'est plus celle du sieur D'Acher, puisqu'elle contient du sublimé ? quelle preuve le sieur Cadet donne-t-il que cette Dame ait envoyé prendre chez le sieur D'Acher l'Elixir, que le zéle lui a fait analyser, & que s'il y a trouvé ou voulu trouver du sublimé, que ce soit le sieur D'Acher qui l'y ait mis ? quelles sont enfin les preuves par lesquelles il soutient que cet Elixir analysé par lui seul, sans même être assisté du Médecin qui l'en avoit prié, contenoit réellement du sublimé ? Voila des questions auxquelles toute la chymie du sieur Cadet ne sauroit répondre, parce qu'en effet il ne peut pas se flatter qu'on admette son assertion & son autorité sans preuves, lorsqu'il s'agit de l'honneur d'un citoyen qu'il attaque.

La marche naturelle qu'un ami de l'humanité & de l'honnêteté, autre que le sieur Cadet, auroit dû tenir en pareil cas, étoit, ce semble, celle-ci. Il auroit d'abord dû prévenir le Médecin du résultat de son analyse, pour qu'il ne permit pas à sa malade de faire usage d'une Eau suspecte. Il auroit dû ensuite envoyer acheter par quelqu'un de confiance, une bouteille d'Elixir cachetée chez le sieur D'Acher lui-même ; ou pour s'éviter la dépense de l'achat, en faire demander par quelque pauvre malade qui l'auroit eue *gratis*. Ensuite il auroit appellé deux chymistes dignes de foi, pour en faire l'analyse en leur présence ; s'étant assuré pour lors que cet Elixir contenoit du sublimé à grandes doses, comme il ose le dire contre vérité & sans preuve, il auroit averti M. le Lieutenant de Police, seul en droit de veiller à ce qu'on ne distribue pas des remedes meurtriers, & ce Magistrat respectable, qui avoit donné son approbation au débit, auroit sur le champ donné des ordres pour

faire faire une nouvelle épreuve en préfence du fieur D'Acher;
& fi l'épreuve eut été conforme à celle du fieur Cadet, alors le
Magiftrat en auroit défendu la diftribution, & fait prévenir,
par les papiers publics, ceux qui auroient pu avoir quelque confiance aux vertus de cette Eau meurtriere. Mais le fieur Cadet n'a pas rempli aucune de ces obligations ; il s'eft at-
tribué le droit de calomnier un honnête citoyen, occupé du foin de foulager fes femblables, comme le fieur
Cadet en convenoit au commencement, en atteftant, comme
il l'a fait, ainfi que le fieur Parmentier fon collegue, le
bien qui refultoit de l'ufage des Eaux D'Acher. « Le fieur
» Cadet foutient au même endroit, qu'un homme d'hon-
» neur ne doit jamais fe retracter, quand il n'a dit que
» ce qu'il a vu ». Mais il faut auparavant qu'il prouve
qu'il a vu, & qu'il a bien vu ; jufques-là il ne doit rien
dire d'injurieux à un homme qui a autant d'honneur que lui ;
& il eft ridicule de fa part de foutenir, au même endroit
de fes défenfes, que le fieur D'Acher eft non recevable à fe
plaindre de fa prétendue découverte, & de la dénonciation
qu'il en a faite au Journal.

Mais fur quel fondement le fieur Cadet prétend-il
donc être cru, uniquement parce qu'il affirme? n'eft-il pas
lui-même repréhenfible, lorfqu'il affirme fans preuves? ne
devoit-il pas, comme Chymifte, détailler fes expériences,
les procédés qu'il a fuivis pour trouver du fublimé où il
n'y en eut jamais? On auroit du moins jugé par l'expofé
de fes moyens, fi fes réfultats chymiques étoient juftes.
Il a peut-être craint de compromettre fa fcience & fa réputation : car c'eft par l'expofé des moyens, qu'on juge de la
certitude des réfultats. Le filence affecté du fieur Cadet fur
les moyens de reconnoître l'exiftence du fublimé dans un
liquide quelconque, a déterminé le fieur D'Acher à indiquer lui-même un moyen bien fimple & bien facile, à l'aide
duquel tous ceux qui font ufage de fes Eaux, pourront fe
convaincre, fans recourir à la fcience du fieur Cadet, fi fes
Eaux ou fon Elixir contiennent cette fubftance corrofive. Il

ſuffit de verſer du ſirop violat nouveau & bien cuit (*) ſur cet Elixir, & l'on verra qu'il conſervera ſa couleur bleue; au lieu qu'il prendra une couleur verte, ſi l'on y verſe de l'eau où il y ait du ſublimé en diſſolution. Cette méthode ſi peu coûteuſe & ſi facile, peut mettre tout le monde à même de connoître, ſi les Eaux D'Acher, ou toute autre qu'on pourroit ſuſpecter, contiennent ou non du ſublimé; & l'on n'aura pas beſoin de tout l'attirail du Chymiſte pour juger que le ſieur Cadet en a impoſé. Il ne manquera point ſans doute de nous apprendre, dans le cours de l'inſtance, les moyens d'appareil qu'il a employés pour découvrir le *ſublime à grande doſe* dans ces Eaux; c'eſt là où on l'attend, pour lui montrer que l'art de décompoſer les corps ou les mixtes, n'eſt pas toujours un moyen ſûr pour reconnoître leurs principes conſtituans; & que ſouvent la ſcience n'eſt qu'erreur & vanité. On s'en tient ici à lui faire voir qu'il n'a pas eu le droit de calomnier un Citoyen d'après une analyſe faite ſous le manteau de la cheminée, par lui ſeul ou par ſes garçons.

« 7.º Le ſieur D'Acher (& ceci eſt la plus forte objection » du ſieur Cadet) n'a point de brevet de S. M. Celui qu'il » avoit obtenu le 15 Février 1772, ſe trouve révoqué par » l'article premier des Déclarations du Roi, du premier » Août 1778, & 26 Juin 1780, & Arrêt du Conſeil du 5 » Mai 1782, qui ordonnent aux poſſeſſeurs des remedes » d'avoir l'approbation de la *Société royale de Médecine*; » que cette Société a dit par ſa délibération du 25 Juillet » 1783, que *l'Eau du ſieur D'Acher ne méritoit pas ſon » approbation*, &c. »

On a rapporté plus haut la délibération de la Société royale, & les circonſtances d'après leſquelles elle a été rendue; on a vu qu'elle approuvoit les Eaux ſtomachiques, dont la

___

(1) Le ſirop violat ne doit pas avoir fermenté; il eſt alors décompoſé, & l'expérience ne peut pas ſe faire, parce qu'il devient d'un brun tirant ſur le verd: il doit être d'un beau bleu foncé, pour être bon. On peut faire la même expérience ſur les Poudres qu'on ſoupçonnera en contenir, en les faiſant diſſoudre dans l'eau chaude.

compofition , l'ufage & les cures, étoient connues de plufieurs Membres de la Société ; mais qu'elle *penfoit ne pouvoir donner fon approbation au fieur D'Acher*, parce qu'un pareil remede avoit été communiqué à la Société par *un de fes Membres, Médecin de profeffion*. M. Vicq-d'Azyr, Secrétaire de cette illuftre Société, en a affuré le fieur D'Acher ; il a lui-même confeillé l'ufage de ces Eaux, & affurement le témoignage de M. Vicq-d'Azyr vaut bien celui du fieur Cadet ; la fcience du Médecin vaut bien celle de l'Apothicaire : on ne voit pas ce que ce dernier pourra répondre pour fe difculper.

D'ailleurs, la Société inftruite de la compofition des Eaux D'Acher, n'a pas dit ni écrit, qu'elles continffent aucune fubftance corrofive, & elle n'y eut pas manqué, s'il y avoit eu du fublimé, comme le foutient le fieur Cadet. Ce dernier n'avoit pas le droit d'analyfer, fans miffion, un remede foumis à l'examen de la Société ; encore moins a-t-il raifon de trouver du fublimé où il n'y en eut jamais ; encore moins a-t-il le droit de dénoncer dans les papiers publics, d'après fa feule autorité, fut-elle même appuyée de celle du fieur Parmentier, que ces Eaux contiennent des fubftances corrofives & meurtrieres : il devoit fe contenter de dire, comme la Société Royale, *qu'elles ne méritoient pas l'approbation de MM. Cadet & Parmentier ;* mais il ne devoit pas ajouter *qu'elles tiennent en diffolution du fublimé à grande dofe*, parce que c'eft une fauffeté nuifible au fieur D'Acher.

Quant au droit de diftribuer fes Eaux, que le fieur Cadet difpute au fieur D'Acher, en le qualifiant d'*empyrique fans brevet & fans privilege*, c'eft ici où le fieur D'Acher perdroit le fang froid & prendroit fa revanche avec ufure, fi ce n'étoit pas à la Juftice à le venger pleinement des qualifications odieufes que le fieur Cadet fe permet contre un Citoyen, & des moyens qu'il emploie pour le calomnier dans les papiers publics. Au furplus, la Société royale n'a pas condamné les Eaux D'Acher, elle a feulement refufé fon privilege à un remede qu'elle prétendoit déja connoître ; mais ce privilege n'eft néceffaire qu'autant qu'on veut afficher fon remede devant fa porte & dans les carrefours, établir

des

des bureaux dans la ville & les provinces. C'est ce que le
sieur D'Acher n'a jamais ambitionné ; & en donnant la
composition de ses Eaux à la Société Royale , il n'a eu
d'autres vues que d'en répandre l'usage par les Médecins
eux-mêmes, pour le bien de la Société, en procurant à
la Faculté un remede qu'on cherchoit vainement depuis
longtemps.

De quel droit le sieur Cadet vient-il donc aujourd'hui, sans
mission, sans cause & sans preuves, calomnier le même remede qu'il a tant loué autrefois ?

« Enfin , dit le sieur Cadet pour terminer ses longues
» défenses, le sieur D'Acher *fait un mensonge indécent* , en
» assurant que la Société Royale a reconnu l'efficacité de son
» remede ; tandis que cette Société le juge indigne de son
» approbation, &c.

Mais où est donc le menteur ? puisque le sieur D'Acher
n'a jamais dit que *la Société ait approuvé son reméde par
une délibération expresse* : il a seulement dit, comme il est
vrai , qu'il avoit communiqué la composition de ses Eaux
à la Société Royale ; que MM. Andry & Tourette Commissaires avoient été témoins des cures admirables opérées par
leur usage; qu'ils étoient trop amis du vrai pour les nier ,
& pour ne pas convenir qu'ils avoient vu la cure des enfans
d'un Médecin couverts d'une teigne rongeante, & la famille
de M. Le Blanc guérie , & que le sieur D'Acher leur a remis
plusieurs lettres des Médecins sur l'effet salutaire de ses
Eaux, & qu'ils n'ont pas manqué d'en instruire la Société ainsi
que M. Vicq-d'Azyr, qui les a conseillées lui-même à Madame
Gauthier. Le sieur D'Acher a donc pu dire, sans mensonge, que
l'efficacité de ses Eaux étoit connue de la Société. L'ordre que le
Gouvernement a donné au sieur D'Acher d'aller à Brest pour y
traiter une fiévre maligne, avec une dyssenterie scorbutique,
qui désoloit l'Escadre ; les cures opérées sous les yeux de M.
Poissonnier, qui ne les a pas sans doute laissé ignorer à la Société Royale , dont il est Membre ; enfin l'aveu de MM.
Tourette & Vicq-d'Azyr, qui ont assuré le sieur D'Acher,
que la Société ne lui acordoit pas d'approbation, parce que

D

son remede lui étoit déja connu. Tout cela, autorifé bien le fieur D'Acher à dire que la Société connoît toute l'efficacité de ce remede ; mais rien ne pouvoit autorifer le fieur Cadet à foutenir que ce même remede contient du fublimé à grande dofe, puifqu'il n'y en a pas un atome.

Il réfulte de tout cela, que le fieur Cadet s'excufe mal , & que d'ailleurs rien ne peut l'excufer. Il s'eft érigé en juge des Eaux D'Acher ; il l'a fait de fon autorité privée. Il a calomnié l'auteur de ces Eaux, en l'accufant de faire entrer du poifon à forte dofe dans leur compofition. Il a femé la calomnie dans le Public, en rétractant le premier jugement qu'il avoit porté fur ces Eaux. Comme Apothicaire, il n'a pas eu le droit de dénoncer au Public les Eaux D'Acher comme dangereufes, parce que ces Eaux font étrangeres à la profeffion d'Apothicaire ; comme Chymifte, il n'a pas pu revenir fur fon premier jugement fans mauvaife foi : & d'ailleurs il auroit dû refpecter le même Public, qui a confiance dans ce remede dont il ufe librement depuis fi long-temps , & ne pas lui faire une dénonciation qu'il ne lui demandoit pas.

RÉFUTATION de la Replique du Sieur Cadet.

Les *moyens de défenfes du fieur Cadet*, préfentés avec un air de triomphe , qu'il croyoit propre à en couvrir la foibleffe , ayant été foudroyés par la *réponfe du fieur D'Acher*, dont on vient de donner le précis, le fieur Cadet a cru devoir les étayer par une longue *Replique* de plus de 12 pages de minute fignifiée le 22 Décembre 1783. Comme cette replique ne contient pas un feul moyen nouveau , & que ce n'eft qu'un échafaudage des faux raifonnemens , imaginés pour foutenir un bâtiment ruiné, le fieur D'Acher ne croit pas devoir s'y arrêter longtemps ; il fe contentera d'y jeter un coup d'œil rapide , pour ôter encore cette foible reffource aux prétentions du fieur Cadet.

Ce dernier obferve d'abord , que ce n'eft pas lui qui eft auteur du *Journal de Paris* ; que c'eft fon frere , qui porte le même nom, & qui n'eft pour rien dans la conrestation. Aussi le sieur D'Acher ne s'est-il point pourvu contre le sieur *Cadet Journaliste*, (quoique le distributeur des libelles soit aussi condamnable que le compositeur) mais contre le sieur *Cadet Apothicaire*, qui a écrit & signé la lettre, où il accuse le sieur D'Acher de vendre fort cher du sublimé corrosif, pour un remede stomachique & salutaire.

Le sieur Cadet ajoute que » le sieur D'Acher étoit fort » libre de faire insérer sa réponse dans le même Journal ». Mais on a déja prouvé que ce n'étoit qu'après le refus de ces Journalistes mal-intentionnés, dont le frere du sieur Cadet est un des auteurs, que le sieur D'Acher a été forcé de porter ses plaintes à la Police, contre cet abus des privileges du Journal, & de se pourvoir en Justice, contre le premier auteur de la calomnie. Le Commissaire ami du sieur Cadet, est allé lui-même chez lui, pour lui conseiller de faire insérer dans le Journal de Paris, la réponse du sieur D'Acher ; & ce n'est qu'après l'inutilité de ces démarches qu'il a reçu la plainte. Le Sr. D'Acher, en a toujours agi de si bonne foi dans toute cette affaire, qu'il fut encore le 28 Décembre dernier se présenter au Bureau du *Journal de Paris*, pour y faire insérer une courte réponse, qui devoit servir de contre-poison à la lettre du sieur Cadet Apothicaire. Il indiquoit dans cette réponse une expérience fort simple, pour que tous ceux qui prendront de l'*Elixir D'Acher*, puissent se convaincre à l'instant qu'il n'y entre pas un atome de sublimé. Cette réponse ne contenoit pas une demi-page ; le sieur *Cadet*, nom si respecté dans le Bureau de cette ferme littéraire, n'y étoit pas même prononcé. On a renvoyé le sieur D'Acher à trois jours, pour avoir le temps de délibérer sur sa demande. Le sieur D'Acher s'est rendu au Bureau le premier de l'an ; & on a fini par lui dire, qu'on ne pouvoit rien imprimer pour lui dans le Journal. Si le sieur Cadet nie ce fait, il ne lui restera que la ressource de rapporter un certificat des Journalistes.

La réplique du sieur Cadet est divisée, comme un sermon, en *deux points*.

Premier Point.

« La lettre du sieur Cadet à son frere le Journaliste, n'est
» point une imputation, encore moins une calomnie; mais
» une simple justification, extrêmement essentielle au sieur
» Cadet. Il devoit à sa propre réputation de détruire les
» impressions favorables que son certificat avoit donné des
» *Eaux D'Acher*, quand elles ne contenoient que du vitriol
» de zinc, lorsqu'il s'est apperçu que la bouteille qui lui
» a été adressée par M. Trioson, contenoit du sublimé à
» *grande dose*. Il n'a pu se tromper, parce que rien n'est
» plus invariable que les résultats des opérations chymiques.
» Il est vrai, continue le sieur Cadet, que je n'ai pas dû
» affirmer que les Eaux que le sieur D'Acher distribue,
» étoient toujours composées de sublimé corrosif ; aussi ne
» l'ai-je pas fait. J'ai dit seulement qu'on m'avoit envoyé
» une bouteille d'Eau du même auteur, convertie en Elixir
» pour la commodité des malades, laquelle contenoit du
» sublimé à grande dose. J'ai publié une lettre, parce que
» je n'ai pas voulu laisser ignorer au Public, tranquille sur
» la foi de mon premier certificat, *qu'il étoit possible qu'on*
» *abusât de sa confiance*; puisque la composition de ce remede
» varioit au point qu'on distribuoit sous le même *nom*
» *D'Acher*, un remede composé de principes contraires.
» Je n'ai donc pas entendu calomnier le sieur D'Acher,
» ni même prétendre qu'il ne distribue pas encore
» quelquefois, ni même journellement une Eau com-
» posée de principes plus salutaires, plus doux, plus inno-
» cens , &c. »

Voilà donc le sieur Cadet ramené par force à l'aveu des
vrais principes de la justice & de l'équité, qui ne fait
porter sa lettre, & l'imputation qu'elle contient que sur la
seule bouteille ou demi-setier qui lui a été adressé par M.
Trioson : & il convient que le sieur D'Acher peut distribuer des Eaux plus salutaires, des remédes plus doux, plus
innocens. A présent le procès est facile à juger ; il n'y a
qu'à voir, si c'est là le sens de sa lettre aux Journalistes.

La *bouteille ou demi-setier* qui lui a été adreſſée, n'étant pas
du ſieur D'Acher, il a pu y trouver du ſublimé ; qu'il avoue
qu'il n'en a trouvé que dans cette ſeule bouteille , & que
les Eaux du ſieur D'Acher, qu'il trouvoit ſi bonnes dans les
premieres analyſes , n'ont point changé de nature ; qu'il
efface les impreſſions ſiniſtres données en général par ſa lettre
au remede ſtomachique du ſieur D'Acher , alors tout rentrera dans l'ordre de la juſtice. Il ajoutera, s'il veut, dans
ſa déclaration que le Public doit tenir ces Eaux du ſieur
D'Acher lui-même, pour qu'on n'y faſſe pas de contrefac-
tion nuiſible , comme cela eſt arrivé à la bouteille qu'on
lui avoit envoyée pour analyſer , &c. & dès-lors tout
procès ſera fini , ſauf les dommages & intérêts que la Cour
accordera au ſieur D'Acher , pour réparation des torts que
lui a fait la calomnie du ſieur Cadet , en le qualifiant d'em-
poiſonneur public.

Mais, dit le ſieur Cadet , " le ſieur D'Acher varie la com-
» poſition de ſon remede , & ce ſont ces variations qui
» occaſionnent celles de mes infaillibles réſultats : ainſi il
» n'eſt pas ſurprenant qui j'y aye trouvé tour à tour du
» zinc , du nitre, des ſels mercuriels , &c. ". Sans conteſ-
ter l'infaillibilité de la chymie , on peut du moins diſputer
celle du Chymiſte , & il n'en eſt pas moins vrai que le
ſieur D'Acher ne ſe ſert pas plus du zinc que de ſublimé dans
la compoſition de ſes Eaux. Que ſi la préſence de tel ou tel
principe, dans un mixte quelconque, ſe manifeſte toujours
par des ſignes certains , ces ſignes ſont ordinairement fort
équivoques & fort incertains pour le Chymiſte , ſur-tout
quand il ſe hâte de tirer des inductions qu'il faut bien diſ-
tinguer des faits ; or un fait particulier , n'eſt jamais une
preuve d'un principe, ni même d'un autre fait. De ce que
les réſultats du ſieur Cadet varient , il ne s'enſuit pas que
la compoſition des Eaux du ſieur D'Acher ait varié , mais
ſeulement que le ſieur Cadet a pu ou voulu voir de telle
ou telle maniere. Pour que les réſultats des analyſes du ſieur
Cadet , fuſſent certains & infaillibles, pour qu'il fiſſent foi
en Juſtice , il auroient dûs être conſtatés juridiquement ,

en préfence d'experts , parties préfentes ou appellées ; jufque-là ces réfultats ne font certains que pour le fieur Cadet tout feul, qui peut en groffir fon recueil manufcrit d'expériences , mais qui n'a pas le droit de publier des réfultats injurieux à la réputation d'autrui.

Au refte, ce n'eft pas d'aujourd'hui que les infaillibles analyfes du fieur Cadet, font entachées de fufpicion & d'in-fidélité. Il fait combien de chagrins lui a donné la publi-cation des lettres de Madame la Baronne d'Efpagnac , dans le *Récit hiftorique de la découverte de l'Eau médicinale du fieur Huffon*, où cette dame reproche au fieur Cadet, dans un cas tout pareil, d'avoir deux opinions, l'une pour le public, l'autre pour le particulier. Dans une autre lettre adreffée par cette Dame refpectable, au fieur Cadet de Vaux, Ex-Apo-thicaire : on lui mande que le fieur Cadet , Apothicaire en titre, compromet fon honneur & fa réputation en décriant l'*Eau médicinale* , en faveur de laquelle il avoit donné le certificat le plus authentique. On lui reproche même des in-fidélités répréhenfibles, telles que celles d'avoir tronqué la queftion qui lui avoit été faite au fujet de l'analyfe qu'on lui demandoit, pour fauver une contradiction entre fon certi-ficat & fa réclamation ; 2°. d'avoir fait parler dans fa palinodie, M. Parmentier, qui l'a publiquement défavoué ; 3°. d'avoir foupçonné la fidélité des diftributeurs de l'Eau médicinale , & fait une injure grave au citoyen honnête & vertueux qui en eft dépofitaire, &c. Enfin , on dit qu'on connoît *le vrai motif de fa palinodie ; que ce n'eft pas l'amour du vrai ni de l'humanité , mais la crainte feule de déplaire aux Médecins.*

Tous ces éloges donnés à M. Cadet font publics ; le fieur D'Acher n'y a aucune part, quoiqu'il foit exactement dans le même cas que l'auteur de l'*Eau médicinale*. En effet, les fieurs Cadet & Parmentier ont donné un certificat très-étendu & très-favorable à l'Eau ftomachique du fieur D'A-cher, après que le fieur Cadet eut affirmé qu'il en avoit fait, *proprio motu*, diverfes analyfes qu'on croit très-favantes, mais que perfonne ne lui demandoit. M. Cadet chante aujourd’hui la *palinodie*, & foutient que ces Eaux, autrefois excellentes, contiennent maintenant du *fublimé corrofif à grande dofe*; il invoque le témoignage de M. Parmentier, qui le défavoue, & qui depuis l’inftance commencée, a écrit au fieur D’Acher le 16 Août 1783, qu’il n’avoit aucune part à la lettre que le fieur Cadet avoit adreffée au Journal, qu’il n’a jamais trouvé de fublimé corrofif dans fes Eaux, & que M. le Baron d’Efpagnac, qui en faifoit ufage, s’en eft toujours bien trouvé, & ne s’en eft jamais plaint. Voilà donc, comme dans l’affaire du fieur Huffon, un defaveu de la part du fieur Parmentier, de la palinodie du fieur Cadet, qui fait jouer à fon collegue un rôle à fon infçu. C’eft donc le cas d’appliquer ici les réflexions de Madame la Baronne d’Efpagnac.

Le fieur Cadet ne manquera pas de crier à la méchanceté; mais ne voit-il pas que le fieur D’Acher eft forcé d’employer malgré lui ces fortes d’argumens, parce qu’ils tiennent au fond de fa caufe, qu’ils fervent à faire connoître fon Adverfaire & fes motifs par des exemples fans réplique, & puifés dans la famille du fieur Cadet? le niera-t-il encore? mais qui eft le plus méchant des deux? n’eft-ce pas l’aggreffeur? n’eft-ce pas celui qui provoque fans caufe & fans néceffité un pere de famille nombreufe, qui ne lui a jamais fait aucun mal? n’eft-ce pas celui qui calomnie dans le Journal de fon frere & où il empêche d’inférer la réfutation de la calomnie? Lequel eft le plus méchant de celui qui fait le bien fans nuire à perfonne, & qui défend fon honneur attaqué par un homme à qui il n’a jamais nui, ou de ces rodomons qui infultent les citoyens en fe targuant de leur fortune & de leur crédit, comme fi c’étoit là une preuve de leur mérite?

On n’a qu’à lire la *réplique* du fieur Cadet, pour voir avec quelle audace il traite le fieur D’Acher d’empyrique de mauvaife foi, où il le compare à ces gens qui diftribuent dans les places publiques des drogues, des clous propres à la guérifon des dents, &c. tandis que le fieur Cadet jouit (dit-il,) d’une *fortune honnéte*, propre à donner des fentimens

nobles & défintéreffés , &c. * En vérité cette maniere de fe
défendre contre une accufation de calomnie, interdit au
fieur Cadet la faculté de crier à la méchanceté ; puifque c'eft lui qui eft l'aggreffeur, & qui joue fi gratuitement
le rôle de méchant. C'eft à lui à dorer la pilule, s'il la trouve
trop amere.

SECOND POINT.

Le fieur Cadet eft *exclufif* en tout : dans le premier Point
de fa réplique, il dit des injures, & il ne veut pas qu'on lui
réponde ; il ufe ou abufe du Journal de fon frere, pour calomnier un remede connu, qu'il avoit loué & approuvé dans
l'origine , & il ne veut pas qu'on fe ferve de la même voie
pour réfuter fes affertions fauffes & injurieufes : dans le
fecond Point de fa réplique, il veut vendre fes drogues
& médicamens & ne veut pas que les autres diftribuent des
remedes que l'étude , le raifonnement & l'expérience leur
ont fait découvrir, & dont l'ufage répandu dans le public
eft confacré par le plus heureux fuccès & par des cures
faites fous les yeux mêmes de la Faculté , qui a approuvé
les Eaux du fieur D'Acher , en approuvant fon livre.

» On ne connoît à Paris , (dit le fieur Cadet) que deux
» manieres de fe faire autorifer a débiter des drogues &
» médicamens ; la premiere, de fe faire agréger au College
» Royal de Pharmacie ; la feconde , de fe faire pourvoir
» d'un brevet, &c. Les membres du College Royal de

---

* Le fieur D'Acher n'a-t-il pas le même droit de fe défendre , en
difant au fieur Cadet, que malgré fa *fortune honnête* , il n'en fait pas
moins un commerce très-lucratif, tant de fes drogues que de celles des
autres, qu'il envoye au loin dans des petites boîtes, efpece de pharmacies
complettes, qui contiennent tous fes fpécifiques par échantillon , & dont
les effets font fouvent moins furs & plus dangereux que ceux des *cloux
propres à laguérifon des dents.* N'eft-il pas le prôneur & le diftributeur
de la *Poudre Fainard,* contre les hémorrhagies externes & internes, qu'il
vend 24 liv. la bouteille , & dont il exalte fi fort l'efficacité ? voyez les
petites Affiches du 23 Septembre 1780, &c.

» Pharmacie, (c'est ce que le peuple nomme Apothicaires)
» ont seuls le droit de vendre les médicamens, même de
» travailler d'après les découvertes faites par les particu-
» liers qui n'ont pas de privilége exclusif. Ainsi le sieur
» Cadet, connoissant la composition de ce qui, dans le prin-
» cipe, compose l'Eau stomachique du sieur D'Acher, pour-
» roit la distribuer, vu que ce dernier n'a point de
» privilége exclusif, ni de brevet, &c.

N'a-t-on pas raison de dire que le sieur Cadet ne veut
d'exclusif que pour lui ? Le sieur D'Acher n'a point
l'honneur d'être Membre du Collège Royal de Pharmacie ;
mais aussi ne débite-t-il pas les drogues des sieurs Cadet. Il a
l'avantage sur le sieur Cadet, d'avoir étudié la constitu-
tion & le tempérament de l'homme en santé & en maladie : il a eu le bonheur de reconnoître, que la plupart des
maladies viennent du *dérangement des fonctions de l'estomac*, & de trouver un *spécifique*, qui, en remontant à la
cause primitive du mal, guérit sans risque & sans danger
une infinité de maladies, variées par leurs effets, mais déri-
vant de la même source. C'est ce *spécifique innocent* dont
il conseille & dirige l'usage à ceux qui ont confiance en lui ;
& les succès constans que les personnes infirmes en ont
éprouvés depuis treize à quatorze ans, dans toutes les clas-
ses des citoyens ont mérité au sieur D'Acher l'estime & la
confiance publique.

Ni le sieur Cadet, ni son College ne peuvent empêcher
le sieur D'Acher de faire le bien public, & de guérir des
malades abandonnés des Médecins. Aussi le sieur Cadet ne
pouvant l'empêcher par des voyes juridiques, a-t-il cru
plus facile & plus sûr de le calomnier dans le Journal de
son frere, en disant que ce remede *contient du sublimé corrosif à grande dose*. On lui objecte son certificat & ses premieres analyses qui prouvent le contraire ; il répond, mais
j'en ai trouvé depuis dans un demi - setier qui m'a été donné
secrétement. On lui réplique, ce demi-setier n'est pas du
sieur D'Acher, qui ne le distribue que par bouteilles : il
dit alors, mais le sieur D'Acher n'est pas Apothicaire, &
n'a point de brevet ni de privilege exclusif. Voilà à quoi

E

aboutit le *cercle vicieux* des raisonnemens du sieur Cadet. Si on détruit le dernier retranchement, il rentrera dans le premier, & fera toujours le *cercle*, comme ces écoliers qui s'amusent à faire la roue. Comment faire lâcher prise à un pareil Adversaire ?

A l'égard de ce que dit le sieur Cadet, qu'étant du Collège de Pharmacie & connoissant la composition de l'élixir D'Acher, il pourroit le distribuer, s'il vouloit ; qu'il en a le droit, &c. Non-seulement le sieur D'Acher y consent, mais même il le lui conseille bien sincérement, en l'assurant qu'il n'a point, dans toute sa boutique, de *spécifique pareil* pour tous les cas indiqués dans la Brochure du sieur D'Acher. Si le sieur Cadet vient à le contester, il y a un moyen fort simple de le convaincre. Qu'il accepte un *défi public* ; il n'y a qu'à choisir dans les hôpitaux six malades abandonnés de la Faculté, le sieur Cadet en prendra trois, & le sieur D'Acher, avec son seul élixir, traitera les trois autres. Et en verra ceux qui seront le plutôt guéris. Le sieur Cadet refusera sans doute le défi, en disant qu'il n'est pas Médecin ; à la bonne heure ! mais en ce cas, ne faites donc pas le docteur & ne jugez plus de la qualité des remedes d'après vos analyses borgnes & que vous prétendez être infaillibles.

Oui, toutes vos analyses sont borgnes & insidieuses : analysez, pour voir, une once de sang ; dites de quels principes il est composé, de quel animal il vient ; prenez une décoction de plusieurs plantes, & devinez leurs noms & leurs principes d'après votre analyse ; mêlez des acides & des alkalis, des sels de différentes natures dans un même liquide & devinez quels ils sont, & en quelle proportion ils y sont, si ce n'est pas vous qui les y avez mis. Je ferai bouillir du mercure dans l'eau, j'y mettrai d'autres substances, & jamais votre analyse ne vous l'apprendra. Vous ne trouverez jamais dans vos ballons, ni dans vos résultats, le principe purgatif de la manne & du séné, quoique vous connoissiez depuis long-temps ces drogues. Dans la merveilleuse analyse que vous avez faite avec M. Parmentier, votre continuel coopérateur, le 24 Mai 1782, de l'Eau médicinale d'Husson, n'avez-vous pas dit : « que la *manière rigou-*

» *reuſe* dont vous aviez procédé vous aſſuroit qu'il n'y
» entroit aucune préparation métallique, aucun ſel mer-
» curiel, &c. ? mais qu'à l'égard de la ſubſtance amere
» végétale dont participe cette liqueur, *il étoit impoſſible*
» *à l'Art de pouvoir déterminer la plante ou les plantes d'où*
» *elle eſt extraite* ». Cependant, lorſque la crainte des Médecins vous a fait chanter la palinodie qu'on vous reproche,
vous n'avez pas craint de vous contredire, en diſant qu'elle
étoit extraite de plantes nuiſibles. Eh ! comment pouviez-
vous le ſavoir, puiſque vous dites que cela eſt impoſſible
à l'Art ? En effet, malgré votre ſcience en chymie, malgré
la prétendue infaillibilité de vos analyſes, ſi l'on vous demandoit pourquoi *l'opium* fait dormir, vous n'auriez point
de meilleure réponſe que celle des Docteurs de Moliere. O
ſcience ! ô vanité des vanités ! proſternez-vous devant l'expérience, qui eſt la Mere des Arts & des Sciences.

Puiſque cette infaillibilité du ſieur Cadet eſt une lueur ſi
fauſſe & ſi trompeuſe, il ne faut point être ſurpris s'il
trouve dans les Eaux D'Acher, tantôt du zinc, tantôt du
nitre, du ſel marin, du mucilage ; tantôt du ſublimé à
grande doſe, &c. Pour ſauver ſes contradictions & l'infaillibilité de ſa ſcience, il dit que le ſieur D'Acher varie ſa
compoſition ; mais à qui perſuadera-t-il de ſemblables rêve-
ries ? *Credat Judeus Apella.* Quel interêt le ſieur D'Acher
auroit-il de ſubſtituer au zinc, loué par le ſieur Cadet, cette
ſubſtance corroſive dont le ſieur Cadet ſe rend le dénon-
ciateur ? Eſt-il vraiſemblable que le ſieur D'Acher, ſans
aucun motif raiſonnable, aille gratuitement convertir en
poiſon un remede connu & répandu par toute la France,
dont il eſt l'inventeur, le ſeul diſtributeur, & des ſuccès duquel dépendent ſon honneur & ſa réputation ? N'eſt-il pas
plus naturel de croire que c'eſt l'infaillible M. Cadet qui
s'eſt trompé lui-même, qui ſe trompe & qui ſe trompera,
à moins qu'on ne diſe qu'il a voulu ſe tromper exprès pour
tromper les autres ?

Ce qu'il y a de plus ſingulier dans cette affaire, c'eſt que
le ſieur Cadet prétend dans ſes écrits, que le ſieur D'Acher
a tort de ſe plaindre qu'on l'accuſe d'employer du ſublimé ;

que cette drogue dangereufe entre les mains des ignorans, devient un remede falutaire dans celles d'un homme prudent & éclairé. Ainfi la conteftation fe réduiroit à favoir, fi le fieur D'Acher fait bien ou mal manipuler cette fubftance corrofive. Mais le fieur D'Acher fait ici fa *profeffion de foi*. Il n'a jamais employé le fublimé, & en a toujours profcrit l'ufage, parce qu'il fait que c'eft un poifon, même entre les mains de la Faculté. Le favant M. Cadet peut préparer & employer à fon gré, cette *fubftance corrofive*, puifqu'il eft perfuadé que dans des mains habiles, tels que les fiennes, ce poifon peut devenir falutaire. Le fieur D'Acher, moins favant, renonce à un pareil avantage. Il fait que Van-Swieten, cet oracle de la Médecine moderne, avoit confeillé dans quelques cas, l'ufage du fublimé; mais qu'il avoit reconnu à fon *dam*, que ce poifon intraitable ne manquoit jamais fon coup, & qu'il opéroit la mort tôt ou tard. Quoiqu'en dife M. Cadet, en faveur du fublimé, le célebre Cartheufer en favoit bien autant que lui : Cartheufer, qui a connu mieux que perfonne la vertu des remedes, & qui les a fi bien appréciés, dit en termes exprès : « *Il y a des perfonnes* qui recom-
» mandent l'ufage interne du fublimé corrofif étendu dans
» une grande quantité d'eau, ou adouci par quelque firop,
» dans plufieurs maladies rebelles, & pour exciter la faliva-
» tion dans les maladies vénériennes; mais j'exhorte tout Mé-
» decin qui veut avoir fa confcience nette & conferver fa
» réputation, de s'abftenir de l'ufage interne de ce fel corrofif;
» car les inconvéniens qui en réfultent ne fe font pas tou-
» jours fentir immédiatement après qu'on l'a pris, mais bien
» fouvent, long-temps après fon ufage. » Voyez fa Pharma-
cologie, édition de Berlin, 1745. p. 447.

Les plus célebres Praticiens de cette Capitale, ont fait les mêmes obfervations & affurent que les malades qui ont été traités avec ce fel meurtrier, tombent enfuite dans l'éthifie qui les conduit à la mort.

Que le fieur Cadet ne dife donc plus dans les Journaux, que l'Eau ftomachique du fieur D'Acher contient *du fublimé à grande dofe*; ce qui eft la même chofe, que de le traiter *d'Empoisonneur public.* C'est le sens des mots *à grande dose* : & cependant le sieur Cadet convient qu'il n'en a jamais trouvé que dans un demi-setier qui lui a été fourni de la part *d'une dame inconnue.* Est-ce là comme doit se conduire un homme aussi délicat que se dit M. Cadet ? doit-il se fâcher si le sieur D'Acher se plaint avec chaleur d'une calomnie qui attaque sa réputation & son honneur ; d'une calomnie qui trouble la tranquillité de tous ceux qui font usage de son remede ; d'une calomnie, enfin, que le sieur Cadet veut faire partager au sieur Parmentier, qui la désavoue, & dont le sieur D'Acher a droit de poursuivre la réparation en Justice.

« Mais, dit le sieur Cadet, vous n'avez pas le droit de
» vous plaindre du mal qu'on dit de vous, & de vos dro-
» gues, parce que vous n'avez pas le droit d'en vendre ;
» ce droit n'appartient qu'aux seuls Apothicaires, ou aux
» brevetés ; vous n'êtes ni l'un ni l'autre : si vous avez un
» brevet, il est revoqué par la Déclaration du 26 Juin 1780,
» qui veut qu'on ait l'approbation de la Société royale de
» Médecine. On vous a refusé cette approbation, donc
» on peut dire du mal de vous, & de vos Eaux, sans ris-
» que, & sans crainte. Tel est la fin de non-recevoir qu'on
» vous opposera toujours victorieusement, &c. &c.

Cet argument, auquel le sieur Cadet revient si souvent, parce qu'il le regarde comme la branche de son salut, a été déja réfuté plusieurs fois dans toutes ses parties. Le sieur D'Acher a prouvé qu'il avoit un brevet, mais un brevet accordé en connoissance de cause, sur le rapport d'un Médecin de la premiere réputation, qui a vu suivre les traitemens, & les cures opérées par le sieur D'Acher. Il a encore démontré que ce brevet, bien loin d'avoir été révoqué, a reçu une nouvelle sanction de la part du Gouvernement, puisque le sieur D'Acher a été envoyé par le Ministre, depuis l'établissement de la Société royale de Médecine, à Brest, pour traiter une fiévre maligne accompagnée de dyssenterie qui désoloit les Escadres combinées dans nos ports : il a fait voir que si la Société royale n'a pas donné alors son approbation à son reméde ; c'est parce qu'un Mé-

decin en avoit également communiqué la compofition à la
Société, & qu'elle n'a pas cru en conféquence devoir accorder le privilége exclufif au feul fieur D'Acher ; que
bien loin de le défapprouver, des Médecins, des Membres
de la Société, en confeillent l'ufage à leurs malades, &c. Il
étoit facile au fieur Cadet de vérifier tous ces faits ; on lui
a cité les témoignages de MM. Poiffonnier, de MM.
les Commiffaires, celui de M. Vic-d'Azyr ; qué n'alloit-il
s'informer à la fource, au lieu d'employer la calomnie &
la voie des libelles pour détruire un pere de fept enfans
qui ne lui a jamais fait aucun mal, & qui jouit de la confidération publique.

On va plus loin : on fuppofe que le fieur Cadet ait raifon dans cette partie, & que le fieur D'Acher n'ait réellement pas le droit de faire le bien, & de diftribuer fes
Eaux à ceux qui en reconnoiffent l'efficacité ; le fieur Cadet, qui veut l'empêcher, n'a-t-il pas la voie de la Juftice,
fans recourir à la calomnie & fans faire paffer un honnête
citoyen pour un empoifonneur public ? De quel front
ofe-t-il donc foutenir que le fieur D'Acher n'a pas le droit
de fe plaindre, & qu'il peut le calomnier impunément ?
La Société a-t-elle dit que ce *remede* contient du *fublimé
corrofif à grande dofe* ? Si elle ne l'a pas dit, pourquoi le
fieur Cadet répand-il cette calomnie dans le Journal de
fon frere, fans permettre au fieur D'Acher de la réfuter ?
Il répond, que *c'eft* parce qu'il avoit donné un premier
Certificat favorable à ce remede, & que depuis le fieur
D'Acher a fubftitué au zinc le fublimé corrofif, & qu'il
varie fa compofition ; cela n'eft ni vrai, ni vraifemblable,
& c'eft précifément en cela que confifte la calomnie. Le fieur
D'Acher ne varie que les traitemens & non pas la compofition de fon remede, où malgré la doctrine du fieur Cadet,
& fon opiniâtreté à le foutenir, il n'eft jamais entré ni
zinc ni fublimé. Les mots *à grande dofe*, que le fieur Cadet a
ajouté par méchanceté, découvrent le projet formé de la
calomnie-la plus atroce, parce qu'alors l'Elixir du fieur
D'Acher feroit un poifon violent, fi cette fubftance corrofive
y étoit en petite partie, & à plus forte raifon *à grande*

dofe. Ces mots prouvent en même temps l'ignorance & la mauvaife foi , parce qu'une analyfe réguliérement faite indiqueroit la proportion du poifon avec les autres drogues.

On a beau chercher la caufe & le motif de l'acharnement du fieur Cadet , contre le fieur D'Acher, on ne peut les deviner. Le fieur D'Acher n'a jamais contefté fa doctrine ; il n'a jamais rien dit , fait , ni écrit contre le fieur Cadet ; il l'a laiffé jouir tranquillement de fa réputation , & de fa fortune *honnéte* : cependant, depuis que les Parties font en inftance au fujet de la premiere lettre que le fieur Cadet a envoyée à fon frere le Journalifte , il a fait inférer dans le Journal du 5 Novembre dernier, N°. 305 , une nouvelle diatribe, 1.° contre l'Eau médicinale d'Huffon, qu'il avoit d'abord approuvée , & qu'il dit être faite avec la *Gratiole , gratia Dei*, plante dangereufe : 2.° contre la Poudre de Goderneau , dans laquelle on apperçoit, dit-il , ou quelques globules de mercure , ou un peu de charbon. Cette disjonctive *ou* eft très-fine, ou très-favante ; mais elle ne fait rien dans cette caufe : 3.° Contre l'Eau D'Acher , qui étoit dans l'origine du nitre déguifé par un peu de mucilage , enfuite du vitriol de zinc, auquel le fieur D'Acher a fubftitué une préparation analogue à celle de M. Goderneau , c'eft-à-dire , une diffolution de mercure par l'acide marin , *combinaifon effrayante* , quand elle n'eft pas faite par un chymifte exercé , parce qu'un atome *d'acide de plus convertit le remede en poifon.*

On voit que le fieur Cadet varie fes analyfes, & fes affertions calomnieufes , felon les divers motifs qui l'animent : ce n'eft plus ici un demi-fetier , ni une bouteille analyfée, où il a trouvé *du fublimé à grande dofe* ; c'eft en général *l'Eau D'Acher* , qui eft devenue entre les mains de fon premier panégyrifte, *une combinaifon effrayante* , qu'un atome d'acide de plus va convertir en poifon. (*)

(*) On pourroit citer au fieur Cadet , une lettre de M. le Curé de Bignan , auquel le fieur D'Acher avoit adreffé cinq bouteilles d'Elixir pour une jeune fille, pauvre, couverte de dartres. Cet Elixir devoit fervir pour fix mois , en mettant feulement deux cuillerées d'Elixir par pinte

Par la premiere denonciation, ce fublimé fe trouve à grande dofe dans un demi-fetier d'Eau. Par celle-ci, toute l'Eau D'Acher en eft infectée, & l'auteur devient un *empoifonneur public*.

Voilà donc une calomnie bien qualifiée, s'il en fut jamais, & cela dans le cours même d'une inftance criminelle intentée à ce fujet. Une pareille diffamation dans des écrits publics, faits non pour la défenfe du fieur Cadet, mais uniquement pour fatisfaire fa haine & fa vengeance perfonnelle, méritent toute l'indignation de la Juftice, & donne lieu de croire au fieur D'Acher, que les conclufions qu'il a prifes dans l'inftance, lui feront adjugées, & que les dommages & intérêts feront proportionnés à l'injure.

d'eau ; mais par la méprife du Chirurgien, la malade prit l'Elixir pur en dix jours de temps, fans qu'il en foit refulté aucun inconvénient : au contraire, les dartres ont diminué. On demande à préfent au fieur Cadet, puifque un atome d'acide marin de plus, doit convertir le remede en poifon, s'il n'eft pas naturel d'en conclure qu'il n'entre ni ne peut entrer de fublimé dans l'Elixir qu'il dit en contenir *à grande dofe* : fans cela la malade eut été empoifonnée dès le premier verre.

Madame la Marquife de Lefville, attaquée depuis grand nombre d'années, d'un afthme, en eft prefqu'entiérement délivrée, par un ufage fuivi de ces Eaux. Nombre de perfonnes qui ont pris par méprife des verres pleins d'Elixir pur ; entr'autres, Monfeigneur l'Archevêque d'Embrun, &c. n'en ont jamais été incommodées. Que le fieur Cadet dife donc, par quel miracle jamais perfonne n'a été incommodé d'un reméde qu'il affure contenir du *fublimé à grande dofe*, tandis qu'un atôme de plus fuffiroit, felon lui, pour le convertir en poifon ! qu'il dife pourquoi le fublimé produiroit d'auffi bons effets fur l'afthme, &c. ! Ce font là *des faits* & non pas des raifonnemens. Le fieur Cadet, preffé par ces faits, finira peut-être par dire, que, puifque l'Eau D'Acher ne fait mal à perfonne, ce n'eft peut-etre que de *l'eau pure*.

Signé D'ACHER, *rue Jacob*, N.º 39.

MICHAUT, Proc.

De l'Imprimerie de GRANGÉ, rue de la Parcheminerie. 1784.

9 782329 058368